AF232310

MISSION

DU

COMMANDANT DU GÉNIE GUY

A TUNIS.

BIBLIOTHEQUE ROYALE

PARIS,

IMPRIMERIE DE HENRI DUPUY,

RUE DE LA MONNAIE, N. 11.

LETTRE DE CRÉANCE.

ARMÉE

D'EXPÉDITION

d'Afrique.

ÉTAT-MAJOR

GÉNÉRAL.

Au quartier-général à Alger, le 23 décembre 1830.

Monsieur le chef de bataillon du génie Guy se rendra à Tunis pour y remplir la mission dont il est chargé par le général en chef.

Il aura sous ses ordres monsieur le capitaine d'artillerie Lugan (officier d'ordonnance), et monsieur le capitaine d'artillerie Guy son frère. Celui-ci le rejoindra à Tunis à son retour d'Oran.

L'objet de la mission de M. Guy est de seconder les opérations du prince de Tunis nommé bey de Constantine par le général en chef, et de l'accompagner dans sa marche sur Constantine.

Dès que le prince de Tunis, bey de Constantine, sera en possession de son beylick, le chef de bataillon Guy se rendra près du général en chef pour rendre compte de sa mission.

Pendant sa mission, il sera l'intermédiaire des ordres du général en chef près du bey de Constantine. Il rendra compte directement au général en chef de l'exécution des ordres qu'il aura été chargé de transmettre au Bey : il le tiendra de plus constamment au courant des opérations du prince de Tunis nommé bey de Constantine.

Le présent ordre lui servira de lettre de créance près du bey de Constantine. Cet ordre lui est donné en double afin qu'il en laisse un au prince bey.

Par ordre du général en chef,

Le Lieutenant-général chef de l'état-major général.

Signé M. J. R. DELORT.

RAPPORT

A MONSIEUR LE MARÉCHAL CLAUZEL, SUR LA MISSION
POLITICO-MILITAIRE DE TUNIS.

MONSIEUR LE MARÉCHAL,

Pour obéir aux instructions que vous m'avez fait remettre à mon départ d'Alger, je vais avoir l'honneur de vous rendre compte de la mission que vous avez bien voulu me confier à la fin de l'année passée.

Destiné à seconder les opérations, contre Constantine, du prince tunisien que vous veniez de nommer bey de cette province, je comptais sur les relations que j'avais établies dans la régence de Tunis, à mon premier voyage, et sur les ressources locales, pour obtenir un heureux résultat. Vous aviez, en outre, jugé convenable de me confier deux pièces d'artillerie de montagne, et des outils et instrumens du génie, et vous aviez mis sous mes ordres M. Lugan, officier d'artillerie.

A notre arrivée à Tunis, le Sabtaba ou premier ministre était absent. Je dois dire que nous fûmes reçus par les beys avec quelque froideur, tant de la part de Sidy-Assein, bey régnant, que de celle de Sidy-Moustapha, son frère, quoique nous eussions été demandés officiellement en leur nom par leur ambassadeur. Le consul de France voulut attribuer cette froideur à la réserve orientale, et à l'hésitation qu'éprouvaient ces princes, au moment de conclure un traité qui pouvait lés compromettre auprès du Sultan. Je serais fondé à l'attribuer à d'autres motifs étrangers aux intérêts de ces princes, dont je n'ai eu qu'à me louer.

Quoi qu'il en soit, le premier ministre (Sidy-Schekir) arriva bientôt, et l'aspect des choses changea. C'est un Mamelouck d'une grande capacité et d'une énergie peu commune, même dans l'Orient ; il jouit de toute la confiance du prince dont il a rétabli les affaires. Les difficultés de l'entreprise ne le rebutèrent point; et à notre première entrevue, fut arrêtée la formation de troupes d'artillerie et du génie. Il me proposa de lui-même d'organiser des troupes d'infanterie; et, comme il n'y avait pas un moment à perdre, il fut convenu que nous commencerions, trois jours après, à la Mohamédie, résidence à quatre lieues de Tunis, du côté opposé aux ruines de Carthage.

Il fallut dresser tout le monde, officiers et soldats, et je dus commencer par l'exercice du fusil. Heureusement, les habitans de ces contrées, habitués aux armes de bonne heure, apportent à nos exercices un goût naturel et une dextérité remarquable. Je demandai des Mameloucks du Bardo, caste privilégiée du pays, pour remplir les places d'officiers; et les soldats furent pris parmi les Zouaves, les Turcs, les Bédouins, et principalement parmi les Maures qui habitent les villes de la Régence. Les plus intelligens devinrent sous-officiers et instructeurs, et cette organisation marcha bientôt d'une manière satisfaisante.

Au bout d'un mois, les troupes d'artillerie et du génie commencèrent leur instruction spéciale; mais je dus décider qu'elles seraient dressées simultanément aux travaux de sape, à la manœuvre du canon, et même aux plus simples travaux des mines. Cette fusion des deux armes, utile dans un petit État, se trouvait ici indispensable. J'avais choisi, pour ces deux corps, les hommes les plus intelligens parmi les premiers arrivés, et leur nombre ne pouvait être fort considérable : il fallait un choix tout particulier pour obtenir des résultats en si peu de temps.

Les troupes du génie devaient m'être utiles à cause de la difficulté des chemins, des nombreuses rivières que nous devions franchir, et surtout des obstacles à prévoir devant Constantine et devant Bonne ; mais en ligne, il était nécessaire qu'elles pussent aussi seconder l'artillerie. Je m'étais décidé à compléter à six pièces la petite batterie de montagne que vous m'aviez confiée, et connaissant toute l'influence du canon et surtout des obus sur les Bédouins, j'avais ordonné à M. Lugan de rechercher et de réunir de quoi former une batterie d'avant-garde de quatre pièces, et une batterie ordinaire de six pièces, dont deux obusiers.

Les troupes d'artillerie et du génie furent donc dressées à la manœuvre du canon comme aux travaux de sapeurs ; j'en donnai le commandement à M. Lugan. Je formai des troupes d'infanterie deux bataillons ; je crus agir avantageusement sur l'imagination vive de ces Orientaux, en leur créant une musique militaire ; je pensai d'ailleurs qu'on n'apprendrait pas, sans intérêt, en France, que c'était au chant national français que ces troupes défilaient devant les princes du pays, et qu'elles auraient franchi plus tard le Bagrada.

A mon départ, toutes ces troupes exécutaient le maniement des armes avec une rare précision ; elles marchaient fort bien, et manœuvraient d'une manière satisfaisante.

Dans un pays où tout était à créer, je ne pouvais m'arrêter long-temps à de semblables détails ; il fallait s'occuper aussi du matériel. J'ordonnai à M. Lugan de se rendre aux arsenaux de La Goulette et du Bardo pour y réunir, compléter et rectifier tout le matériel d'artillerie fixé. Le Sabtaba fit arriver à l'arsenal de La Goulette des ouvriers en bois et en fer de Bizerte et de Tunis, et nous eûmes bientôt la batterie de montagne ; les deux autres arrivèrent successivement à la Mohamédie. Mais M. Lugan dut refaire ou réparer plusieurs affûts ;

construire à neuf les caissons , et faire confectionner de nouveaux attelages.

Pendant ce temps , je faisais fabriquer à la
Casauba de Tunis des outils de pionniers ,
quelques outils de mineurs, des baïonnettes
(car le bey avait dix mille fusils français sans
une baïonnette). Je fis faire pour chaque soldat
régulier, un sac , un bidon, une giberne , deux
paires de souliers. On confectionna de nouvelles tentes, des râteliers d'armes, etc. Le prince
et son ministre suivaient ces travaux avec plaisir. Par leurs ordres , il y a eu jusqu'à six
cents ouvriers à la Casauba , travaillant jour et
nuit ; et peut-être y a-t-il eu quelque mérite à
obtenir ces résultats dans des travaux neufs
pour le pays.

L'intendant du Bardo fut chargé d'y faire
confectionner les habillemens des troupes régulières. Tout marchait bien , lorsqu'après une
visite faite au Sabtaba pour des affaires de service, je poussai jusqu'à Tunis chez le consul de
France. Je le trouvai consterné ; il venait de
recevoir un paquet contenant, entre autres ,
une dépêche de M. le ministre des affaires
étrangères et un journal de Paris. Je puis, sans
aller trop loin , dire que la dépêche annonçait

le projet de proposer au Roi l'annulation de votre traité, et que le journal donnait à ce sujet des renseignemens détaillés. Le consul, qui jusqu'alors s'était beaucoup occupé de la partie politique de cette affaire, me dit qu'il ne pouvait plus s'en mêler, et qu'il allait le déclarer au Bardo. Quant à moi, qui savais que les projets de ce ministre et des articles semi-officiels de journal n'arrêteraient pas vos combinaisons, je déclarai à mon tour que je continuerais à exécuter vos instructions, et que j'espérais bien que le Bardo ne serait pas plus effrayé que moi.

C'est peu après qu'arrivèrent le capitaine d'artillerie Guy, et le capitaine Passy, qui venaient faire ratifier par le bey vos arrangemens. J'étais à la Mohamédie; le consul de France les fit accompagner par son chancelier chez le Sabtaba et le bey régnant. A leur départ, je dus aller avec eux au Bardo, afin qu'ils ne fussent pas isolés; et l'intendant comme le premier ministre ne manquèrent pas de me faire remarquer que le consul de France, après les avoir lancés par ses conseils et ses instances dans cette difficile affaire, les abandonnait au moment où elle devenait désagréable. Le prince n'en était pas moins ferme dans les ar_ rangemens qu'il avait faits avec vous, monsieur le Maréchal, et il a dû vous écrire même tout ce dont je vous rends compte ici.

Sidy-Moustapha, bey du camp, était parti à cette époque pour sa tournée annuelle du Gérid ; mais il n'avait amené avec lui que de la cavalerie, afin que les troupes à pied fussent ménagées pour l'expédition contre Constantine. Ce prince passait, peut-être à tort, pour être opposé à cette expédition. Je me réserve de vous soumettre un rapport particulier sur les intérêts en présence à Tunis ; mais je dois assurer ici que cet obstacle ne pouvait être sérieux.

Le Sabtaba avait promis que nous partirions aussitôt après le Rhamadan ; je réclamai souvent l'exécution de cette promesse, mais il ne voulut rien arrêter à ce sujet, pas plus que sur sa présence à l'armée, avant l'arrivée de Sidy-Moustapha. Ce prince n'était pas encore de retour, quand nous fûmes visités par un officier de M. le général Berthezène, chargé par le ministre de la guerre de savoir où en était l'opération de Constantine. Cet officier pressa même le bey de faire au plus vite l'expédition ; mais il n'était pas encore reparti, que le consul de France fit

connaître au Bardo que le Roi avait refusé de ratifier votre traité.

Ces contradictions officielles durent frapper
une cour aussi politique ; ce qui me le fait pré-
sumer, c'est que le Sabtaba m'a parlé souvent,
depuis lors, de l'agitation qui régnait en France,
et du peu de stabilité des affaires de notre patrie. Du reste il le disait avec bienveillance, et
mes réponses semblaient lui faire plaisir ; il pro-
fessait toujours la plus haute considération
pour vous et une grande estime pour la France.
En voici, entre autres, une preuve :

Un colonel italien, réfugié, m'apprit qu'on
attribuait à un des ministres des bruits fâcheux
sur notre armée d'Alger. Je l'écrivis aussitôt
au Sabtaba, en lui disant que je ne pourrais
rester vingt-quatre heures auprès d'un gouvernement qui laisserait accréditer de semblables
bruits. Il vint lui-même m'apporter la réponse,
m'assurant que ce n'étaient que des propos de
rue que le fanatisme propageait. Il voulut savoir pourtant le nom du ministre à qui on les
imputait, et me promit qu'il serait vertement
gourmandé.

Sidy-Moustapha arriva du Gérid. Presque
aussitôt le bey reçut la seule lettre qu'il ait eue

de vous depuis votre rentrée en France. Le Sabtaba vint chez Sidy-Benajet, où je logeais, et me la communiqua. Je lui demandai aussitôt s'il était prêt à partir; il me répondit : « Oui, en ce qui me concerne ; mais il faut encore que je voie le padrone (le bey), et qu'il s'entende avec son frère. » Cette conférence ne nous fut pas favorable ; car le lendemain j'allai au Bardo, et malgré toutes mes raisons, toutes mes explications, il fut décidé que le départ serait suspendu jusqu'à la ratification du traité, ou du moins jusqu'à une nouvelle lettre de votre part, attendu que les changemens de rédaction que vous annonciez pouvaient fort bien être contraires à leur religion ou à leur dignité, et dès-lors inadmissibles, quoiqu'ils parussent peu de chose en France.

J'envoyai le lendemain Sidy-Sélim, officier supérieur du régiment régulier, pour savoir si mes raisons ne les avaient pas ramenés au départ, et pour leur faire connaître que j'allais, dans le cas contraire, être obligé de suspendre toute instruction nouvelle, bien décidé à faire pour ces princes tout ce qui pourrait être utile et même agréable, mais tout autant que ce serait encore utile à ma patrie. Tout se passa

en très-bons termes; mais tout fut ainsi suspendu.

Nous attendions de jour en jour des instructions de France, lorsqu'un brick allant à Na-
varin jeta en passant l'ordre qui me rappelait
immédiatement. Je transmis sur-le-champ cet
ordre au Sabtaba. Il m'envoya chercher le lendemain par un Mamelouck, et me dit, entre
autres choses, que le prince était à table lorsqu'on lui avait lu mon ordre de rappel, et qu'il
s'était levé aussitôt, refusant de continuer son
dîner. Il m'avait fait souvent des insinuations
amicales pour me décider à me fixer parmi eux;
je lui avais toujours répondu que c'était chose
impossible. Il y revint cette fois encore ; mais
ma famille et mes principes étaient deux obstacles insurmontables. Cependant, pour répon-
dre à sa politesse, et pour lui donner en même
temps une espérance que je croyais fondée, je
lui dis que le traité étant aussi utile à la France
qu'à Tunis, je ne doutais pas que vous ne fissiez
bientôt revenir à votre avis ou le gouvernement
ou les Chambres.

Trois jours après, arriva un brick d'Alger
qui apportait un triplicata de mon ordre de rappel. Il amenait M. Hudler, chargé par le géné-

ral Berthezène, au nom du ministre des affaires étrangères, d'offrir le gouvernement d'Oran et de Constantine au Bardo, à des conditions nouvelles. Il m'a été assuré qu'on demandait Tabarco, Porto-Farina, et le passage éventuel par le Kef. On offrait le gouvernement des deux beylicks pour trois ou cinq ans, sauf à le renouveler ensuite. Le Bardo trouva les conditions trop onéreuses, et refusa le nouveau traité.

Cependant le bey, pour donner une marque de sa haute estime pour vous et de ses bonnes dispositions envers notre patrie, désira que ce fût sur un de ses bricks de guerre que nous retournassions en France ; et j'acceptai cette offre avec d'autant plus de reconnaissance que M. le ministre de la guerre, en m'ordonnant de rentrer immédiatement, ne m'avait fait fournir aucun moyen de passage.

J'ose espérer, monsieur le Maréchal, que vous trouverez qu'il y a eu peu d'instans perdus dans cette mission de six mois ; j'ai du reste employé les dernières semaines, pendant lesquelles tout était suspendu, à faire quelques reconnaissances dans le pays, et j'apporte les élémens d'un mémoire détaillé sur cette régence peu connue, et qui diffère essentiellement de celle d'Alger.

Je rentre en France profondément ému de voir rejeter une expédition qui devait, sans dépenses de notre part et sans presque aucune effusion de sang français, faire reconnaître l'autorité souveraine de la France sur la plus riche province de la Barbarie. Les résultats immédiats de cette expédition étaient, outre le tribut qu'on ne percevra de long-temps à présent, l'occupation de Bonne qui aurait protégé nos pêcheries du corail, celle de Stora où la marine a tant à voir et à faire dans l'intérêt de nos escadres et de la colonie, et la soumission forcée du scheick Benzamon qui, se trouvant placé entre Constantine et Alger, eût dû se rendre ou abandonner ces montagnes d'où il menace à chaque instant les colons de la Métidja.

Quant au succès de notre opération, il dépendait des troupes régulières que nous avions formées, et de la présence à l'armée du premier ministre. Ce personnage avait consenti à n'amener qu'une partie des quarante mille hommes que les tribus bédouines voulaient

fournir; je craignais le pillage et les dévasta-
tions que ces Cosaques d'Afrique entraînent
avec eux; mais le Sabtaba trouvait quelque difficulté à leur refuser de les amener. Ces bédouins combattent à peu près tous à cheval, et
apportent leurs vivres avec eux. Le bey a encore quatre régimens de cavalerie ou sbahies,
dont nous aurions amené la plus grande partie.
La milice turque eût fourni deux mille combat-
tans au moins, et les Zouaves presque autant.
Ces quatre mille hommes eussent secondé
d'une manière utile les mouvemens du régiment régulier, et les troupes d'artillerie et du
génie, que nous avions formées, devaient servir
pour toute l'armée. Le Sabtaba semblait dési-
rer vivement une expédition où il espérait ac-
quérir de la gloire, et il m'a même dit un jour
devant plusieurs personnes : *Toi et moi, et je
suis sûr du succès.*

Je ne serais pas entré, monsieur le Maréchal,
dans ces détails que j'eusse trouvés trop minu-
tieux, si je ne voyais dans les journaux des articles, au moins déplacés, sur la régence de Tunis
et sa constitution militaire. Si vous le jugez convenable, il sera facile de mettre un terme à ces
clameurs ignorantes ou intéressées, en faisant

publier mon rapport. Mais je déplorerai toujours qu'elles aient eu assez d'influence sur un ministère français, pour lui faire prendre des idées fausses des hommes et des lieux, et lui faire abandonner une combinaison aussi importante pour notre patrie.

Je suis avec le plus profond respect,

MONSIEUR LE MARÉCHAL,

Votre très-humble et très-obeissant serviteur,

A. GUY,

Officier supérieur du génie.

Marseille, le 31 août 1831.

ÉTAT

DE L'ARTILLERIE ET DU GÉNIE DES TROUPES RÉGULIÈRES
DU BEY DE TUNIS.

ARTILLERIE ET GÉNIE.

PERSONNEL.

COMPAGN. D'ARTIL.		COMPAG. DU GÉNIE.		TRAIN.	
Capitaine......	1	Capitaine.......	1	Lieutenant......	1
Sous-lieutenant.	1	Sous-lieutenant..	1	Sergent-major...	1
Sergent-major..	1	Sergent-major...	1	Sergens.........	3
Sergens	5 1art	Sergens.........	6	Caporaux.......	8
Fourrier.......	1	Fourrier........	1	Soldats du train.	62
Caporaux......	9, 1art	Caporaux.......	8		
Canonniers.....	102	Sapeurs.........	107	TOTAL......	75
				Et d'autres carros-	
TOTAL......	120	TOTAL......	125	siers disponibles.	

INSTRUCTION.

Les deux compagnies d'artillerie et du génie
ont été exercées aux manœuvres d'artillerie de

siége, de campagne et de montagne. La compagnie du train avait reçu l'instruction spéciale du soldat du train.

La compagnie d'artillerie devait faire le service de cette arme. La compagnie de sapeurs était propre au besoin à ce même service.

Les deux compagnies du génie et de l'artillerie avaient été exercées au remuement des terres, dans le but de leur faire connaître, en formant les ateliers, l'usage de la pelle et de la pioche dans la construction d'un ouvrage de campagne, au tracé de diverses lignes, à la construction des profils de fortification passagère et de batteries, etc.

On avait composé la compagnie du génie surtout d'un grand nombre d'ouvriers en bois et en fer.

Les deux compagnies connaissaient l'école du soldat et du peloton d'infanterie, et avaient fait avec le régiment les manœuvres du bataillon, formant à elles deux un troisième bataillon.

MATÉRIEL D'ARTILLERIE.

Artillerie de campagne.

1° Batterie de campagne.

Pièces de 4....... 2 { Pièces françaises; affûts réparés, appropriés au nouveau système d'artillerie de France; avant-train fait à neuf.

Obus. allong. de 12. 2 { Pièces russes; affûts neufs trouvés en blanc, appropriés au nouveau système d'artillerie de France.

———

Total........... 4

Caissons........... 4 — Construits à neuf, nouveau modèle.
Chariot de batterie. 1 — Construction neuve,   id.

2° Batterie de position.

Pièces de 12...... 1 { Pièce française; affût construit à neuf, nouveau modèle.

Pièces de 8....... 3 { Pièces espagnoles et françaises; deux affûts construits à neuf, nouveau modèle; un trouvé neuf en blanc, avant-train à limonière, pour la montagne.

Obusiers de 24..... 2 { Pièces espagnoles; un affût réparé, approprié au nouveau système; un avec avant-train à limonière, pour la montagne.

———

Total........... 6

Caissons........... 6 — Construction neuve, nouveau modèle.

Artillerie de montagne.

Pièces de 3....... 6 { Deux de ces pièces avaient été apportées d'Alger avec leurs affûts et leurs caissons à munitions et un bât. On a trouvé à Tunis des pièces pareilles, et l'on a complété la batterie à six pièces.

Artillerie de siége.

Pièces de 12...... 2 ⎱ On n'avait fait pour cette artillerie que les roues
— de 16...... 2 ⎰ et les harnais, les pièces devant être amenées avec leurs affûts et avant-trains tels qu'ils étaient.

———

Total........ 4

Caiss. p. infant... 2— Nouveau modèle.

Coffres pour munitions.......12 ⎰ Ces coffres de réserve devaient être portés sur des charrettes.

Forges de campag.. 1

Harnais pour les chevaux.......200 ⎰ Confection neuve; modèle d'artillerie de France. Les armemens étaient confectionnés, les rechanges étaient prêts.

MUNITIONS.

Sabots et sachets. 2,000 ⎰ Confection neuve; pour approvisionnement de 2,000 coups, dont un dixième à mitraille. Les lances à feu et étoupilles étaient prêtes.

MATÉRIEL DU GÉNIE.

Pioches........ 300 ⎱
Pelles.......... 300 ⎟
Haches........ 100 ⎬ Confection neuve.
Serpes........ 60 ⎠
Chariots p. outils. 2— Réparés.
Outils de pétardem. 20
Outils d'art.

Le capitaine d'artillerie commandant l'artillerie et le génie des troupes régulières du bey de Tunis,

LUGAN.

Paris, le 8 octobre 1831.

Vu

A. GUY,
Officier supérieur du génie.

INFANTERIE ET CAVALERIE.

Le régiment régulier de 900 à . . . .   1,000 h.
La partie disponible de la milice turque, au moins.   2,000 h.
     Id.   de Zouaves . . . . .   1,500 h.
La partie disponible des quatre garnisons de Spahies
    ou cavalerie soldée.
Le contingent des tribus de la Régence , 40 mille
    hommes que j'avais proposé de réduire au plus à   20,000 h.
Et, en outre, la partie des tribus de la province de
    Constantine qui avait promis de venir se joindre à
    nous, à notre arrivée au Kef, place d'armes de la
    Régence sur la frontière de Constantine.

A. GUY,

Officier supérieur du génie.

www.ingramcontent.com/pod-product-compliance
Lightning Source LLC
Chambersburg PA
CBHW051205050726
47594CB00007B/3065